Reise durch

NORWEGEN

Bilder von
Max Galli

Texte von
Ernst-Otto Luthardt

Stürtz

Erste Seite:
Das alte Hanseatenviertel Bryggen in Bergen, das nach einem verheerenden Stadtbrand 1702 wieder aufgebaut wurde.

Vorherige Seite:
Beim Lachsangeln im Åfjord nahe Trondheim. Während man in den Fjorden und im Meer gratis seiner Passion nachkommen kann, braucht man für Flüsse und Seen eine staatliche Lizenz.

Unten:
Aker Brygge in Oslo ist nicht nur eine gute Adresse zum Einkaufen, sondern vor allem wegen seiner lebendigen Kneipenszene beliebt.

Seite 10/11:
In Urnes am Lustrafjord steht Norwegens älteste erhaltene Stabkirche aus dem 11. Jahrhundert.

Inhalt

Seite 12/13:
Die kleine Fischersiedlung Reine ist der Hauptort der Lofoteninsel Moskenesøy.

Rechts:
Eine Seilbahn führt von Tromsø, der besonders bei jungen Leuten beliebten nördlichsten Universitätsstadt, zum reichlich 400 Meter hohen Storsteinen mit prächtiger Aussicht auf den Balsfjord.

Man schreibt das Jahr 793, als das Kloster Lindisfarne an Englands Nordostküste zum Schauplatz eines der frühesten Kommandounternehmen der europäischen Geschichte wird. Die schmalen Schiffe mit den quergestellten Segeln und den Furcht erweckenden Drachenköpfen am Rumpf sind schnell und ihre Besatzungen nicht minder. Man zerstört, plündert, mordet. Hinterlässt dem erschreckten christlichen Abendland seine nordisch-heidnische Visitenkarte. Dem ersten spektakulären Coup der Wikinger, wie sich diese wilden Seefahrer (nach den viken, den Buchten ihrer Heimat) nennen, folgen zahllose andere. Das Operationsgebiet wird immer größer. Kein Meer ist den bärtigen Kriegern zu groß, keine Beute zu weit. So beginnt man sich nicht nur in Europa, sondern auch an den Küsten Kleinasiens zu fürchten …

Die Berührungen blieben indes auch für die Wikinger nicht ohne Folgen. Sie erkannten schon bald, dass Raub nur eine und nicht immer die lohnendste Form des Besitzerwerbs ist, dass der Handel Vorzüge hat, und dass Landnahme auf Dauer größeren Profit verspricht als spontane Beutezüge. So fassten die Nordmänner im wahrsten Sinne des Wortes in England, Schottland und Irland, auf den Shetland- und Orkney-Inseln sowie in jenem Teil des heutigen Frankreichs Fuß, der noch heute ihren Namen trägt – in der Normandie. Sie entdeckten und besiedelten nicht nur Island, sondern erreichten auch – lange vor Kolumbus – amerikanischen Boden (das heutige Neufundland).

Das Christentum als Königsmacher

Neben Gütern und Sklaven wurde, von der breiten Bevölkerung ungewollt, auch der christliche Glaube importiert. Das heißt, einer der vielen Kleinst- und Kleinkönige, Harald Schönhaar vom Oslofjord, erkannte die große Chance, mit der neuen Religion große Politik zu machen.

Denn das auf eine einzige Gottheit ausgerichtete Christentum eignete sich in idealer Weise dazu, die weltliche Herrschaft eines Einzelnen zu legitimieren. So setzte sich Harald selbst an die Spitze des Reiches, nachdem er seine Widersacher, die südwest-norwegischen Kleinkönige, besiegt hatte. Dies geschah um das Jahr 885.

Die Christianisierung verlief schleppend, nicht selten blutig und sie wurde listig unterlaufen. Während man in den sich entwickelnden Städten begann, die Gotteshäuser aus Stein zu bauen, manifestiert sich das Festhalten der ländlichen Bevölkerung an den Traditionen der Wikingergesellschaft in der besonderen Architektur der Stabholzkirchen. Die meisten dieser einst über 800 hölzernen Gotteshäuser brannten später ab, etliche wurden in Freilichtmuseen überführt und nur noch etwa 25 stehen an ihrem ursprünglichen Platz. Die wohl bekannteste ist die Kirche von Borgund (Møre og Romsdal). An den Giebeln drohen Drachen mit weit aufgerissenen Mäulern und die Pforte ist mit einer hohen »Geisterschwelle« gesichert. Tragende Elemente sind die um den Hauptraum gruppierten Masten (stav): Die Konstruktion der alten Wikingerschiffe lebt hierin, an Land, fort.

Höhepunkt und Niedergang

Um 1260 besaß das norwegische Reich seine größte Ausdehnung, ein Jahrhundert darauf begann jene 400 Jahre währende (Zwangs-) Union mit Dänemark, die notwendigerweise in einem Verlust der gerade erst erwachenden eigenen Identität gipfeln musste. In den Stürmen der Geschichte drohte das einst so mächtige Schiff Norwegen mehrmals unterzugehen, und 1814, nach dem Friedensschluss von Kiel und der Proklamierung eines ersten Grundgesetzes, traten die Schweden an die Stelle der Dänen.

Das 20. Jahrhundert

Erst 1905 wurde Norwegen ein eigenständiger Staat, was jedoch die seit Beginn des 19. Jahrhunderts wogende Auswanderungswelle nach Amerika nicht stoppen konnte. Der Neutralität im Ersten Weltkrieg folgte die Besetzung des Landes durch die deutsche Wehrmacht im Zweiten. Dies war die zweite historisch bedeutsame Invasion durch die Deutschen, nachdem bereits 1250 eine Kolonie deutscher Handelsherren und Handwerker mitten in Bergen entstanden war und als Staat im Staate das wirtschaftliche Leben des Reiches kontrollierte. Die dritte begann in den Siebzigerjahren und ein Ende ist

Blick auf Bergen – zu mitternächtlicher Stunde im Sommer. Auch wenn die Sonne hier »unten« für kurze Zeit verschwindet, gibt es keine richtige Nacht. Um die Mitternachtssonne zu erleben, muss man mindestens bis zum Polarkreis fahren.

noch nicht abzusehen. Besonders zu Zeiten der Sommerferien in Deutschland ergießt sich ein nicht enden wollender Strom von Autos und Caravans aus den stählernen Leibern der großen Fährschiffe, der bisweilen die Straßen ins Landesinnere verstopft und sich nur langsam auflöst. Natürlich kommt man zuallererst der grandiosen Natur wegen. Nimmt die moderne Infrastruktur gern in Kauf, ohne groß darüber nachzudenken, dass diese erst in den letzten Jahren mit Macht geschaffen wurde. Neben den althergebrachten Erwerbsquellen wie Schiffbau und -fahrt, Fischfang und Holzwirtschaft haben sich in Norwegen eine ganze Reihe anderer Wirtschaftszweige wie die Schwerindustrie, der Titan-, Zink- und Kupferbergbau, Leichtindustrie und Petrochemie sowie längst auch diverse High-Tech-Betriebe verschiedenster Ausprägungen etabliert.

Die alte Wikingermentalität lebt am ehesten auf den alten Ölplattformen in der Nordsee fort. Mit dem Spürsinn eines Entdeckervolkes und in der Nachfolge von Forschern wie Fridtjof Nansen, Roald Amundsen und Thor Heyerdahl ist man auf bedeutende Öl- und Gasvorkommen gestoßen. Heute sind sie der wichtigste Wirtschaftsfaktor des Landes und der hauptsächliche Grund dafür, dass das einst so arme Land nunmehr eines der höchsten Pro-Kopf-Einkommen Europas hat.

Landschaft von atemberaubender Vielfalt

Nicht ganz so sehr wie die (auch sprachlich isolierten) Finnen – aber deutlich spürbar – leiden die Norweger an der etwas abseitigen Geografie ihres Landes. Doch ihr listiges Rechenexempel, sich vom nördlichsten Zipfel Europas näher an dessen Mitte zu mogeln, geht auf. Es besagt, dass die Hauptstadt Oslo genau auf halbem Weg zwischen Italiens Nordgrenze und dem Nordkap liegt und relativiert zugleich alle zentraleuropäischen Maßstäbe von Entfernungen und deren motorisierter Überwindung. Das spüren vor allem jene Erstreisenden, die nach der Fährankunft in Kristiansand, Larvik oder Oslo ihr Tagesziel anpeilen und spätestens nach hundert Kilometern begreifen, dass man hierzulande froh sein muss, wenn man diese Entfer-

nung (ohne Pause) in zwei Stunden bewältigt. Vom Kap Lindesnes im Süden bis zum Nordkap sind es genau 1752 Kilometer – Luftlinie. Wiederum im Gegensatz zu Finnlands schnurgeraden Straßen sind jene Norwegens jedoch oft kurvenreich und verschlungen. Ständig stellen sich Berge, Fjorde, Seen in den Weg. Immerhin liegen ein Viertel des Territoriums über 1000 und zwei Drittel noch über 300 Meter. Während man die großen Berg- und Gletschermassive ohnehin umfahren muss, werden vor allem im Fjordland die Straßen ständig durch das Wasser unterbrochen; man ist auf Fähren angewiesen (insgesamt rund 200). Und hätten sich die Norweger nicht als wahre Meister im Tunnelbau erwiesen, wären die Wege noch länger.

Des Landes Herz schlägt im Süden

Ein Drittel aller Norweger lebt in Oslo und Umgebung. Die Metropole zählt trotzdem kaum mehr als eine halbe Million Einwohner. Das schönste Entree ist jenes durch den Oslofjord, der wie eine lange dünne Nabelschnur die Hauptstadt des Landes mit der Nordsee verbindet. Viele Besucher sehen sich bereits an den atemberaubenden Bildern bei der Einfahrt satt und fahren schnell weiter ins Land. Vielleicht noch, in Eile, das Wikingerschiffmuseum oder Shopping in der Aker Brygge und eventuell die skulpturenübersäte Vigelandanlage im Frognerpark. Das malerische, von Wald umgebene Oslo hat das Pech, nur Präludium zu einem noch grandioseren Naturszenario zu sein.

Die Norweger selbst mögen die Südküste, das Sørlandet, offenbar mehr als viele deutsche Besucher. Gibt es doch hier die schönsten Sandstrände des Landes und mit 17-18°C die höchsten sommerlichen Wassertemperaturen. Bei Sonnenschein gleißt der helle Sand mit dem Weiß der Holzhäuser um die Wette. Wer sich jedoch die Zeit nimmt, erfährt, dass der Süden mehr zu bieten hat, als Sand- und Holzhausidyllen. Vom zentralen Ausgangspunkt Kristiansand wären die Städtchen und Orte entlang der Küste eine Möglichkeit zur Exkursion. Seefahrerromantik bieten zum Beispiel die alten Stadtviertel von Flekkefjord, Lillesand, Mandal, Arendal, Frederikstad oder Tønsberg. In Åsgårdstrand kann man auf den Spuren des Malers Edvard Munch, in Grimstad oder Venstøp auf denen des Literaten Henrik Ibsen wandeln.

Von besonderem Reiz ist der dichte Schärengürtel; auf der Insel Merdø gibt es über diese einmalige Landschaft sogar ein sehenswertes Museum. Für die zweifellos schönste Verbindung

Die Lofoten im Licht der Mitternachtssonne. Schroffe Berge erheben sich direkt am Meer, für die bunten Häuser von Ramberg bleibt nur ein schmaler Uferstreifen. Der weiße Sandstrand lädt zu stimmungsvollen Spaziergängen ein.

zwischen der Küste und dem Landesinneren (bei Haukeligrend südlich der legendären Hochfläche Hardangervidda) hat der Fluss Otra über Jahrmillionen vorgearbeitet: Das Setesdal. Es bietet Romantik pur: Mächtige Berge, dichte Wälder, wilde Flusspassagen, einsame Dörfer, lohnende Skiorte, alte Gebräuche und Handwerke.

Die Einsamkeit der Berge, der Ruhm der Täler – der Osten

Auf rund 325 000 Quadratkilometern Landesterritorium leben, so die Statistik, 5,25 Millionen Menschen, das wären durchschnittlich 16 pro Quadratkilometer – was aber im Konkreten nicht stimmt. Auf einem schmalen Küstenstreifen von rund einem Dutzend Kilometern Breite sind mehr als drei Viertel der Bevölkerung konzentriert. Ein altes Seefahrervolk wie das der Norweger sucht das Meer beziehungsweise dessen Binnenabteilungen, die Fjorde oder auch die Seen. Der Fischfang war über alle Zeiten hinweg zumindest Teil der Existenzsicherung.

Dieses fast heilige maritime Prinzip gab man nur ungern auf; es sei denn um einen außergewöhnlichen Preis. Im Falle der Bergbaustädte Kongsberg und Røros waren es reiche Silber- beziehungsweise Kupfervorkommen. Nachdem die Knappen 1957, nach vierhundert Jahren, ausgezogen sind, können jetzt die Touristen in das Bergwerk, die Kongens Gruve, einfahren. Zumindest was die oberirdische Hinterlassenschaft betrifft, ist jedoch die ehemalige Kupferstadt Røros um einiges attraktiver. Die rotbraunen, hölzernen Arbeiterwohnhäuser stehen unter UNESCO-Schutz.

Wer nicht gleich von Oslo den Weg über Lillehammer gewählt hat, findet im herrlich gelegenen Bergort Lom noch einmal die Möglichkeit, zwar nicht in alle vier, so doch zumindest in drei Winde zu fahren, nach Süden, Westen und Osten – was in diesem Land ziemlich selten ist. Jotunheimen, das »Land der Riesen«, liegt südlich dieses Kreuzungspunktes. Die höchste

Passstraße Norwegens führt 1430 Meter hoch und mitten durch diese bizarre Welt von wilden Bergen und Hochflächen ohne Ende, von gefrorenen und lebendigen Wassern (Gletschern, Seen und Wasserfällen). Umgeben ist das felserne Reich der Riesen von gleich mehreren, nicht minder gewaltigen Gipfeln: Der Jostedalsbreen im Westen ist Europas größter Gletscher. Zweitausender gibt es sowohl im Hornunger-Gebirge (südwestlich) als auch im Dovrefjell (nordöstlich), wo unter anderem wilde Rentiere und Moschusochsen heimisch sind. Um von Jotunheimen dorthin zu gelangen, muss man das Gudbrandstal queren: Von den drei großen Tälern, die die Landschaft Ostnorwegens prägen, ist es – neben Valdres und Hallingdal – zweifellos das berühmteste. Dies liegt zum Teil an seinem Namensgeber Dale-Gudbrand, der seinerzeit der Christianisierung durch den später heilig gesprochenen König Olav den größten Widerstand entgegen gesetzt hatte. Andererseits sprengen auch diese Täler – wie die Berge ringsum – gewohntes Maß. Das Gudbrandsdal ist über 200 Kilometer lang und endet im Süden nahe Lillehammer. An der alten Straße zwischen den Bergen wuchsen relativ viele Siedlungen. Einst waren es die norwegischen Könige, die sie gen Trondheim, ihrer Krönungsstadt, durchzogen haben, heute sind es die Besucher, welche die Idylle althergebrachter bäuerlicher Lebensweise inmitten einer herrlichen Naturszenerie für sich beanspruchen. Stichwort Lillehammer: Die olympischen Anlagen vom Winter 1994 sind durchs Fernsehen in aller Welt bekannt. Wer das Städtchen heute besucht, erlebt es wieder ruhiger. Der Besichtigung wert ist das schönste Freilichtmuseum des Landes, Maihaugen.

Fjordland und mehr – der Westen

Zwischen dem beängstigenden Gefühl, von hundert Meter hohen Felswänden erdrückt zu werden und dem Triumph, Himmel und Göttern ganz nahe zu sein, liegen des Fjordlands Straßen: Mit Kurven, bei denen der Vergleich mit einer Haarnadel fast Untertreibung ist, sowie Steigungen oder Gefällen, die Fahrzeug und Chauffeur alles abverlangen. Die bekanntesten dieser Serpentinenwege sind die Adlerstraße und der Trollstigen. Wo das Auto sich quält, hat die Bahn es nicht leichter. Noch bis in die Sechzigerjahre war die zu Beginn des letzten Jahrhunderts unter unvorstellbarem menschlichen und materiellen Einsatz erbaute Bergensbanen – vom Flieger abgesehen – die einzig ganzjährig durchgängige Verbindung zwischen dem Osten (Oslo) und dem Westen (Bergen) des Landes. Wenn die Passstraßen

Im Stabbursdalen Nationalpark findet man den nördlichsten Kiefernwald der Welt. Ausgangspunkt für die Fahrt zu dem Nationalpark ist die 2500-Seelen-Gemeinde Lakselv am Ende des Porsangerfjords, die zu den wenigen »größeren« Siedlungen der einsamen Finnmark zählt.

längst gesperrt waren, kämpfte sich der Zug als dünner schwarzer Strich durch das endlose Weiß der sturmgepeitschten Hardangervidda, Europas größter Gebirgshochfläche. Noch beeindruckender freilich ist eine Stichstrecke der Bergensbanen: Zwischen der Talstation Flåm und der Eisenbahnersiedlung Myrdal liegen Welten – 900 Meter Höhenunterschied, 20 Kilometer Schienen, ein Gefälle von bis zu 5,5 Prozent, schwindelerregende Abgründe, Tunnel, Holzüberbauungen und ein Zwischenstopp am 200 Meter hohen Kjosfossen (Wasserfall).

Einen idealen Ausgangspunkt, um von der Küste aus den Westen des Landes zu erkunden, bildet Bergen. Die Stadt ist, für norwegische Verhältnisse, nicht nur groß, sondern auch wunderschön. Von Wasser und hohen Bergen umkränzt, vom Golfstrom liebkost, erstrahlt sie im heiteren Charme ihrer Holzhausviertel und blumenbunten Gärten und erinnert auf Schritt und Tritt an vergangene imperiale (Königssitz ab 1217) und hanseatische Vergangenheit. Die spitzgiebeligen Wohnhäuser der deutschen Kaufleute und Handelsherren aus dem 14. bis 16. Jahrhundert zählen zu den meistbesuchten Sehenswürdigkeiten der Stadt. Der Kontrast zum weiter nördlichen Ålesund ist nicht nur in der Größe und Bevölkerungszahl begründet (245 000 zu 42 000 Einwohner). Während die Substanz des alten Bergen bis ins Mittelalter reicht, musste Ålesund nach dem verheerenden Stadtbrand von 1904 seine Jahre neu zählen. Entstanden ist eine heiter-ausgelassene Jugendstilstadt, die auf drei Beinen (sprich: Inseln) im Meer steht und ihre Gäste regelrecht verzaubert.

Stichwort Meer: Selbst nüchterne Geografen bestätigen dem Produkt der Vermählung von Meer und Land, Norwegens Westküste, Einmaligkeit auf unserem Globus. Die Umarmung ist so heftig, das Land so eingerissen, so gespalten durch Buchten und Fjorde, dass die Uferlinie zwölfmal länger ist, als sie bei halbwegs geradem Verlauf wäre. Die beste Gelegenheit, dieser Begegnung der Elemente ganz nahe zu sein, ohne allzuviel Zeit bei der Durchreise

zu verlieren, ist die Fahrt auf der »Atlantikstraße« zwischen Vevang und Kårvåg nahe Kristiansund. Kühne Ingenieure und Straßenbauer haben Felsen und Inseln auf acht Kilometern durch Dämme und Brücken verbunden. Nicht wenige Besucher fühlen sich hier bei stürmischem Wind wie in einem Unterseeboot. Und die Fjorde? Die Wahl fällt nicht leicht. Ein Muss sind der Hardangerfjord zur Obstbaumblüte, sowie der Nærøyfjord, Europas schmalster und eigentlich ein Kind des großen, 180 Kilometer langen Sognefjords. Sein Ende duldet nicht einmal eine Straße; so muss der Blick vom Schiff aus und fast kerzengerade zu den 1000 Meter hohen Gipfeln schweifen. Ebenfalls ein Spross des Sognefjords ist der Fjærlandsfjord. Er reicht fast bis an die beiden südlichsten Zungen des Jostedals-Gletschers heran. Nicht zu vergessen Norwegens bekanntestes Postkartenmotiv: der Geirangerfjord – ein Fest der Sinne!

Unter der Mitternachtssonne

Wie alle Skandinavier dosieren auch die Norweger ihren Lebensrhythmus, ihr Temperament den Zeiten des Jahres entsprechend. Geben sich heiter und ausgelassen während der hellen Sommernächte und still und zurückgezogen an den dunklen Wintertagen. Besonders die Mitternachtssonne jenseits des Polarkreises bringt nicht nur Tage ohne Ende, sondern auch Verstand und Gefühle mächtig durcheinander. Wartet doch zum Beispiel die innere Uhr vergeblich auf den Einbruch der Dunkelheit, um das Signal zum Schlafen zu geben.

Wer sich auf den Weg in den weiten, einsamen Norden Norwegens macht, hat in der Regel das Absolute im Sinn: das Nordkap. Dort leuchtet die Mitternachtssonne von Mitte Mai bis Ende Juli. Der Ort der Begierde liegt auf einer Insel. Von deren Hauptort Honningsvåg sind es noch einmal reichlich 30 Kilometer durch eine monotone, kahle Landschaft bis zum Kap. Dieser nördlichste Aussichtspunkt unseres Kontinents ist zu einem wahren Wallfahrtsort geworden. Kritiker sehen dort inzwischen mehr Kommerz als Natur, die man sowieso nur bei schönem Wetter wahrnimmt. Immer präsent und in Erinnerung hingegen bleiben die zahllosen Souvenirläden. Es gehört schon einige Fantasie dazu, sich vorzustellen, dass hier zwar der Kontinent, nicht aber das Land Norwegen endet, sondern erst weit draußen im Nordmeer. Die Inselgruppe Svalbard, hierzulande besser bekannt unter dem Namen der Hauptinsel, Spitzbergen, liegt »nur« gut 1000 Kilometer vom Nordpol entfernt.

Trotz des Ölbooms – seit den 70er-Jahren fördert man vor der Küste Öl – hat Stavangers Altstadt nichts von ihrer Idylle verloren. Die engen gepflasterten Straßen in Gamle Stavanger werden von weißgestrichenen Holzhäusern gesäumt, die liebevoll restauriert wurden.

Im Land der Samen

Man weiß es nicht genau, aber es sollen heute zwischen 60 000 und 100 000 Angehörige jener rätselhaften Urbevölkerung sein, die – einst über Südfinnland kommend – in den unwirtlichen Norden gedrängt wurde und dort eine auf die Rentierjagd und -zucht basierende Kultur begründete. Ihre ursprünglichen Jagd- und Weidegebiete sind längst durch Ländergrenzen zerschnitten, die einst so freien Nomaden des Nordens – gewissermaßen über Nacht – zu russischen, finnischen, schwedischen und (in der Mehrzahl) norwegischen Staatsbürgern geworden. Die viel einschneidenderen Veränderungen innerhalb der samischen Gesellschaft werden vielleicht am besten durch jene Bilder verdeutlicht, welche die Rentierzüchter im Sommer mit Hubschraubern und im Winter mit Motorschlitten beim Zusammentreiben der Herden zeigen.

Wer sich über Geschichte und Gegenwart der norwegischen Samen informieren möchte (die seit 1989 ein eigenes »Parlament« besitzen) und dazu ein echtes kunsthandwerkliches Mitbringsel sucht, ist in Karasjok am rechten Platz. Für mehr und tiefere Einblicke in den Alltag, in das Denken und Fühlen und nicht zuletzt in ihre Küche wäre indessen die persönliche Einladung zu einer Samenfamilie vonnöten. Während der steinhart getrocknete Rentierschinken kräftiges und geduldiges Kauen erfordert, ehe er den Gaumen verwöhnt, gibt es im Falle des Gulaschs (mit Preiselbeeren) den Preis ohne solchen Fleiß. Auch der Lachs scheint nirgends so frisch und schmackhaft wie hier.

Die schönste Seereise der Welt

Vor allem Fremdenverkehrsleuten geht der Superlativ ziemlich leicht von den Lippen beziehungsweise aus der Feder. Darin zumindest machen auch die ansonsten zurückhaltenden Norweger keine Ausnahme, preisen die elf Tage währende und über 2500 Seemeilen führende Fahrt mit einem der rund ein Dutzend Postschiffe der Hurtigruten als »die schönste Seereise« der Welt. Und diejenigen, welche die Probe

aufs Exempel machen und sich von Bergen bis Kirkenes einschiffen, stimmen begeistert in das Loblied ein – was etwas heißen will angesichts der so zahlreichen und mannigfaltigen Möglichkeiten, dieses Land auf dem Wasserweg zu erreichen, zu umfahren oder zu durchqueren.

Das erste Postschiff, das im Sommer 1893 die Städte und die abgelegenen Siedlungen an Norwegens zerfranster Nordwestküste verband, war die »Vesteraalen«. Waren es dazumal Einheimische nebst Post, Gepäck und anderer – auch tierischer – Fracht, so sind es heute vor allem Fremde, die das risikodosierte Abenteuer suchen und für ihr gutes Geld auch Komfort verlangen. Wie dem auch sei – die ungewöhnliche Reise ist auch heute noch ein Abenteuer. Besonders viel sieht man natürlich während des (kurzen) Sommers, wo die Nächte zum Tag werden. Die Faustregel lautet: Je größer die Kommunen, desto höherer Frachtumschlag, desto mehr Zeit für Landgang (insgesamt 34 Häfen) und Sightseeing. Da wären zum Beispiel Trondheim mit prächtiger historischer Bebauung und, als Höhepunkt, der Nidarosdom. Oder Tromsø, dessen Flair von den vielen Studenten geprägt wird, und Hammerfest, die nördlichste Stadt der Welt.

Den Polarkreis sieht man natürlich nicht, obwohl – so die Berichte – auch heute noch mancher Besucher mit oder ohne Fernglas nach ihm suchen soll.

Seite 24/25:
Das Postschiff »Narvik«, dessen Stapellauf 1982 erfolgte, ist auf der Fahrt zwischen Hammerfest und Skjervøy.

Seite 26/27:
So kurz die Sommer in Norwegen auch sind – so einzigartig können die Abendstimmungen sein: Hier im Südwesten, im Rogaland bei der Insel Ognøy.

Der Süden – tiefe Fjorde und Bergriesen

Die Insel Vågsøy ist der Küste des Fjordlandes vorgelagert. Leuchttürme wie »Kråkenes fyr« geben den Schiffsleuten Orientierung und helfen Katastrophen vermeiden. Der ganz in der Nähe gelegene Refviksand gilt übrigens als einer der besten Badestrände des Landes.

Der südlichste Punkt des norwegischen Festlandes ist Kap Lindesnes in der Provinz Vest Agder. Vom alten Leuchtturm, einem vielbesuchten Ausflugsziel, sind es genau 2518 Kilometer bis zum Nordkap, wo unser Kontinent ziemlich abrupt in den Ozean stürzt. Danach gibt es auf 1300 Kilometer nur eiskaltes Wasser, ehe mit der Inselgruppe Spitzbergen Europa noch einmal auftaucht.

Jedenfalls zählen zu Norwegens Süden insgesamt 16 Provinzen, in denen die übergroße Mehrheit der Bevölkerung lebt, am dichtesten, nämlich 1200 Einwohner pro Quadratkilometer und zusammen rund 560 000, im Stadtbezirk Oslo. Fast genauso viele Menschen wie in der Hauptstadt selbst wohnen in deren grüner Taille, der Provinz Akershus, die ihrem Namen »Haus des Ackers« alle Ehre macht. Gilt sie doch zusammen mit dem in südlicher Richtung angrenzenden Bezirk Ostføld als Kornkammer des Landes. Landwirtschaft wird hier übrigens schon seit 10 000 Jahren betrieben. In keinem anderen Landesteil haben die steinzeitlichen Menschen so viele Spuren hinterlassen. Im extremen Gegensatz dazu steht die Provinz Telemark. Hier werden nur zwei Prozent der Fläche wirtschaftlich genutzt.

Fjord-Norwegen beginnt in der Provinz Rogaland, wo sich um 855 Harald Schönhaar zum ersten König Gesamtnorwegens aufschwang und die Wikinger gen Amerika aufbrachen. Je weiter man nach Norden gelangt, desto beeindruckender wird die Landschaft, desto mehr kommen tiefe Fjorde und Bergriesen zusammen. Die Provinzen, auf deren Territorien solch dramatische Begegnungen stattfinden, heißen Hordaland, Sogn og Fjordane, Møre og Romsdal sowie Sør- und Nord-Trøndelag.

POLITI

Oben:
Das Osloer Schloss wird noch von der königlichen Familie bewohnt und ist, im Gegensatz zum weitläufigen Park, für die Öffentlichkeit nicht zugänglich.

Rechts:
Die königliche Militärkapelle spielt nicht nur zum Empfang hoher Staatsgäste auf, sondern gehört zum alltäglichen Bild der Hauptstadt.

Seite 30/31:
Bei der Einfahrt in den Hafen von Oslo grüßt schon von Weitem die ehemals martialische, jetzt eher pittoreske Festung Akershus, die im 17. Jahrhundert zu einem Renaissanceschloss umgebaut wurde und heute das Norwegische Widerstandsmuseum beherbergt.

Links:
Im Osloer Hafen an der Aker Brygge ist immer etwas los. Restaurants, Kneipen und Geschäfte locken Einheimische wie Besucher zum Bummeln. An Sommerabenden herrscht fast südländisches Flair am Kai mit Blick auf die alte Festung Akershus und den Fährverkehr im Hafen.

Unten:
Im Nobel-Friedenszentrum wird über den Friedensnobelpreis, die Preisträger und deren Arbeit informiert sowie über die aktuellen Konfliktherde auf der Welt und den Einsatz für den Frieden. Das Gebäude ist der Vestbanestasjonen, der ehemalige Westbahnhof am Rathausplatz.

Unten:
Vom Rathaus in Oslo hat man einen wunderbaren Blick auf den Rathausplatz und den Hafen. Um sich von der Stadt einen kleinen wasserseitigen Überblick zu verschaffen, empfiehlt sich eine Hafenrundfahrt und anschließend der Besuch eines Cafés an der Aker Brygge.

Rechts oben und unten: *Die Norweger sind begeisterte Segler; vor allem im südlichen Teil des Landes ist kaum ein Küstenort ohne Yachthafen – hier Oslo (oben) und Sandefjord (unten).*

Rechts Mitte: *Natürlich gibt es auch Sandstrände, aber das Sonnenbaden auf den Küstenfelsen vor Larvik hat durchaus seine Reize.*

Unten und ganz unten:
Den Expeditionen des Ethnologen Thor Heyerdahl widmet sich das »Kon-Tiki Museet«. Das Papyrusboot »Ra II« und sein berühmtes Floß »Kon-Tiki« aus Balsaholz werden hier gezeigt.

Unten:
Schon seit jeher gelten die Norweger als ein Volk von kühnen Seefahrern und Entdeckern. Dass die Wikinger nicht nur mordlüsterne und beutegierige Eroberer waren, sondern auch wesentlich die Entwicklung des Schiffbaues und der Seefahrt bestimmten, dokumentiert das »Vikingskiphuset« zu Oslo.

Seite 38/39:
Der Eröffnung des Neuen Opernhauses von Oslo gingen jahrzehntelange Diskussionen voraus. Als Standort entschied man sich wie in Sydney für den Hafen und so erfolgte 2003 der erste Spatenstich. Nach fünf Jahren Bauzeit und Kosten von 520 Millionen Euro fand 2008 die Eröffnungsfeier statt. Das Gebäude wurde vom Architekturbüro Snøhetta entworfen und ist einem treibenden Eisberg nachempfunden.

Rechts:
An die große Epoche des Walfangs in Sandefjord erinnert das »Hvalfangst-Museet«. Bis in die Sechzigerjahre fuhr man von hier in die Arktis, um die Wale zu jagen.

Ibsen, Grieg, Munch und Co.

Berlin, am 5. November 1892. Der Künstlerverein eröffnet eine Ausstellung des damals 29-jährigen norwegischen Malers Edvard Munch – und schloss sie schon eine Woche später wieder. Hatte doch das Publikum geschockt und ablehnend auf die ihm ungewohnte Malweise reagiert.

Dieser Skandal, bis dato einer der größten in der deutschen Kunstgeschichte, traf Munch sehr, machte ihn aber auch bekannt. »Sie fassen nicht, dass in diesen Impressionen auch ein klein wenig Vernunft enthalten sein könnte (...), dass ein Raum rot oder blau sein kann (...). Sie sind nicht imstande zu erfassen, dass es ernst gemeint ist – sie halten es für Humbug (...) oder für Geistesstörung«, begründet er das Geschehen. Schon ein Jahr darauf, 1893, entstand Munchs berühmtestes Bild »Der Schrei«. Mitten auf den roten Wolken dieses Gemäldes entdeckt sich den Besuchern der Osloer Nationalgalerie die mit Bleistift geschriebene Aufschrift: »Kann nur von einem Verrückten gemalt sein« – möglicherweise stammt sie vom Künstler selbst.

Vom Apotheker zum Dramatiker

1906 schuf er für Max Reinhards Inszenierung der »Gespenster« von Henrik Ibsen in den Berliner Kammerspielen die Bühnendekoration. Ibsen (1828–1906) absolvierte zunächst eine Apothekerlehre, ehe er sich dem Theater zuwandte. Waren seine ersten Arbeiten noch romantischem Geist verpflichtet, schrieb er später realistische Gesellschaftsdramen. Deren Handlung ist vor allem aus dem menschlichen Innenleben gespeist. Statt der Aktion dominiert der Dialog. Doch die Spannung nimmt dadurch keinen Abbruch – im Gegenteil. Zur Sprache kommen individuelle Krisensituationen, initiiert durch Zwänge und heuchlerische Moral in Staat und Kirche. In diesem Sinne zählen »Die Stützen der Gesellschaft«, »Nora oder ein Puppenheim« oder eben »Gespenster« zu Ibsens erfolgreichsten Stücken – im Ausland. In Norwegen hingegen sah man in ihm zunächst nur einen Nestbeschmutzer und erst recht spät den genialen Chronisten seiner Zeit.

Die unerklärbaren Zustände der Seele

1890, als Munch in einer einzigen Nacht in St. Cloud sein künstlerisches Manifest gegen den Naturalismus und für die »Stimmungsmalerei« schrieb, ließ sein Landsmann Knut Hamsun (1859–1952) den berühmten Artikel »Vom Seelenleben« drucken, worin er sich zu einer Dichtung bekannte, welche die »unerklärbaren Zustände der Seele« darstellen müsse. Wie bei Ibsen auch spielt in seinen Büchern das Psychologische eine große Rolle. Allerdings stellt er sich zu dessen kritischen Realismus in bewussten Gegensatz und setzt dafür eher auf Naturmystik. So sah er denn auch allein im der Scholle verbundenen Bauerntum, nicht aber in den entwurzelten Städtern, eine Chance für die Zukunft der Gesellschaft. Das ist jedenfalls die Botschaft seines 1917 erschienenen Romans »Segen der Erde«, für den er mit dem Nobelpreis geehrt wurde.

Apropos Nobelpreis. Hamsun war nicht der erste, aber auch nicht der letzte norwegische Literat, der diesen erhielt. Bereits 1903 war Bjørnstjerne Bjørnson (1832–1910), der zu seinen Lebzeiten viel größere Popularität in seinem Land besaß als Ibsen, damit ausgezeichnet worden. Und 1928 folgte Sigrid Undset (1882–1949) nach.

Nordische Musik – Edvard Grieg

1867 hatte Ibsen das Märchenstück »Peer Gynt« veröffentlicht. Seinem Wunsch entsprechend schuf Edvard Grieg (1843–1907) die Bühnenmusik mit den beiden berühmten Orchestersuiten. In dem Bestreben, eine typisch nordische Musik zu kreieren, brachte er die Folklore des Landes in sein Werk ein. Grieg bekannte, dass er nicht wie Bach oder Beethoven »Kirchen und Tempel« errichten wolle, sondern »Wohnungen für Menschen (...) in denen sie sich heimisch und glücklich fühlen können«.

Angesichts der vielen Besucher aus nah und fern, die alljährlich in den Sommermonaten zu seiner als Memorialmuseum gestalteten Villa Troldhaugen nahe Bergen strömen, darf man davon ausgehen, dass ihm dieses Vorhaben gelungen ist.

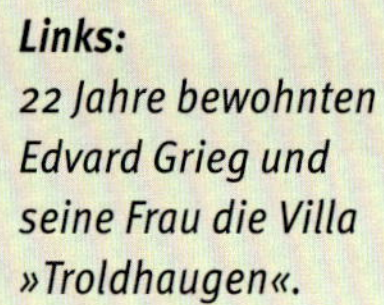

Links:
22 Jahre bewohnten Edvard Grieg und seine Frau die Villa »Troldhaugen«.

Oben:
Anziehungspunkt der Nationalgalerie in Oslo sind sowohl die Bilder der Nationalromantiker als auch der Munch-Saal.

Rechts oben:
Für das literarische Werk von Knut Hamsun bildet die überwältigende Natur seiner Heimat Nordland den Hintergrund.

Rechts Mitte:
Bjørnstjerne Bjørnson und Edvard Grieg – der erstere war Nobelpreisträger und Verfasser der norwegischen Nationalhymne, Edvard Grieg verschaffte der norwegischen Musik Weltgeltung und schrieb unter anderem die Bühnenmusik zu Bjørnsons Schauspiel »Sigurd Jorsalfar«.

Rechts:
Henrik Ibsen, dessen gesellschaftskritische Dramen in ganz Europa für Aufsehen sorgten, in einer Aufnahme um 1900.

Links:
Von 1905 bis 1968 war Sandefjord Heimathafen für den größten Teil der norwegischen Walfangflotte, die von hier ins Nördliche Eismeer auslief.

Unten:
»Lindesnes fyr« ist nicht nur der älteste, sondern auch der südlichste Leuchtturm des Landes. Die Entfernung bis zum Nordkap beträgt genau 2518 Kilometer.

Seite 44/45:
Im Norwegischen Ölmuseum in Stavanger wird die Geschichte der Ölförderung in Norwegen und zum Teil auch in anderen Ländern mit vielen Exponaten dargestellt. Es gibt viele Modelle und auch Originalgerätschaften und man kann das Leben auf einer Bohrinsel mittels einer begehbaren Mini-Bohrinsel erleben.

OSKAR

Oben:
Der Telemarkkanal ist ein besonders malerischer Wasserweg, der vom Meer aus rund 100 Kilometer in die Berge Südnorwegens hineinreicht.

Rechts:
Die meisten Einheimischen verbringen die Sommerferien in den Bezirken Aust- und Vest-Agder, dem Südland mit besonders angenehmen Klima, in so idyllisch gelegenen Häuschen wie hier bei Lindesnes.

Seite 48/49:
Der Wasserfall Gloppefossen im Bezirk Aust-Agder kann es an Imposanz zwar nicht mit den ganz großen norwegischen Fällen aufnehmen, bietet aber ein besonderes romantisches Bild.

Links:
Jåsund ist ein typisches südnorwegisches Örtchen am Wasser mit eigenem Landungssteg in dem Bezirk Vest-Agder.

Unten:
Im Hafen von Risør, dem alten Seefahrerstädtchen an der Skagerrakküste, feiert man alljährlich im August ein berühmtes Holzbootfestival.

100% EXTRA
№005

Seite 50/51:
600 Meter senkrecht aus dem Lysefjord steigt die Felskanzel Prekestolen auf. Wer den Ausblick von oben genießen möchte, muss vorher einen zweistündigen Fußmarsch absolvieren. Mutige robben an die Felskante und ganz Schwindelfreie spazieren dort auf und ab.

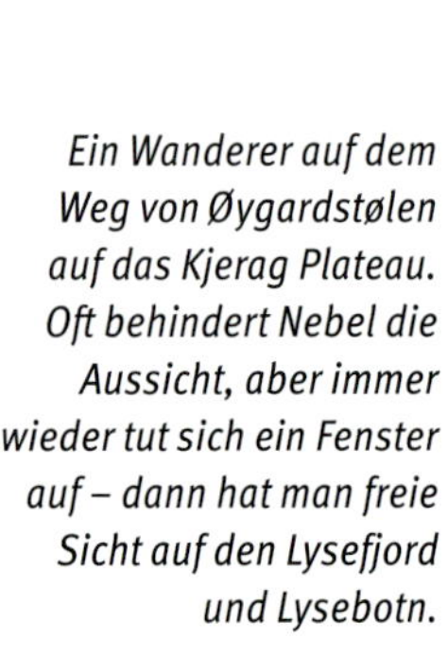

Ein Wanderer auf dem Weg von Øygardstølen auf das Kjerag Plateau. Oft behindert Nebel die Aussicht, aber immer wieder tut sich ein Fenster auf – dann hat man freie Sicht auf den Lysefjord und Lysebotn.

Über große Steine geht es mühsam hinauf zum Prekestolen. Aber der herrliche Ausblick entschädigt allemal.

Rechte Seite:
Die beste Attraktion des Kjerag Plateaus ist der Kjeragbolten – ein etwa fünf Kubikmeter großer Stein, der zwischen den Felswänden eingeklemmt ist. Von dort geht es 1000 Meter senkrecht hinunter zum Lysefjord. Der Sprung auf den Stein ist Nervenkitzel für Schwindelfreie.

Unten:
Rund um den Hafen schlägt das Herz Bergens. Hier findet der bekannte Bergenser Fischmarkt statt und man erreicht mit wenigen Schritten Bryggen, das berühmte hanseatische Stadtviertel.

Rechts:
Auch wenn nach dem verheerenden Brand von 1702 alles erst wieder aufgebaut werden musste, hat die »Bryggen« an Bergens Hafen nichts von ihrer Faszination verloren. Früher wohnten und wirtschafteten in den spitzgiebeligen Holzhäusern die hanseatischen Kaufleute, heute finden sich hier Läden, Restaurants und Galerien.

BRYGGEN HUSFLID

Norwegens großer Obstgarten heißt Hardangerfjord. Blühende Wiesen bei Ringøy (links), bereits rot werdende Kirschen vor der Kulisse der Eisgipfel und die Obstblüte bei Lofthus (unten und ganz unten) gehören mit zu den schönsten Bildern aus dieser Gegend.

Der berühmteste und viertgrößte Wasserfall des Landes ist der Vøringfossen auf der Hardangervidda, der schon Ende des 19. Jahrhunderts erschlossen und Besuchern zugänglich gemacht wurde.

Für den Norwegen-Fahrer sind Begegnungen mit Wasserfällen nahezu unvermeidlich. Hier der Låtefossen in seiner wilden Schönheit.

Utne ist besonders schön auf der Folgefonn-Halbinsel im Hardangerfjord gelegen und nennt das älteste Hotel des Landes sein Eigen.

Wie das weit geöffnete Maul eines Riesenhaies mutet jene Fähre an, die Kvanndal und Utne miteinander verbindet.

Auf einem schmalen Pfad kann man unter dem Wasserfall Steindalsfossen bei Norheimsund am westlichen Hardangerfjord hindurchlaufen.

Unten:
In Finse, der höchstgelegenen Bahnstation Norwegens, scheinen nicht nur die Loks, sondern auch die Schlittenhunde Probleme mit der extremen Witterung zu haben.

Rechts:
Auf dem Hardangervidda genannten großen Hochgebirgsplateau regieren den größten Teil des Jahres Stürme, Kälte und Schnee. Erst seit Ende der Sechzigerjahre ist es auch mit dem Auto ganzjährig befahrbar.

Oben:
Bereits 1909 wurde die Bergenbahn eröffnet, jene legendäre Zugverbindung, die Bergen und Oslo über die Hardangervidda miteinander verknüpft.

Die Bergenbahn verbindet Oslo mit Bergen und gilt als eine der landschaftlich schönsten Bahnstrecken in Nordeuropa. Die Strecke führt durch die Hardangervidda, die größte Hochebene Europas. 182 Tunnel müssen durchfahren und etwa 300 Brücken überquert werden. Hier bei Finse erreicht die Strecke ihren höchsten Bahnhof auf 1222 Metern.

Linke Seite:
Eine der schönsten Radtouren Nordeuropas kann man auf dem Rallarwegen unternehmen. Der Weg verläuft entlang der Strecke der Bergenbahn von Haugastøl über Finse bis zum Ort Flåm, der direkt am Aurlandsfjord liegt. Der Rallarwegen wurde Ende des 19. Jahrhunderts als Versorgungsstraße zum Bau der Bergenbahn angelegt.

Um die Wintersicherheit der Bergenbahn zu verbessern, hat man am höchsten Teil der Strecke den zehn Kilometer langen Finsetunnel gegraben. Die oberirdische Strecke – hier zu sehen – wurde stillgelegt.

Der Sørfjord gehört zum Fjordsystem des Hardangerfjordes und erstreckt sich als schmaler Seitenarm südwärts bis Odda.

Auf der Hardangervidda in einer Sommernacht. Zu dieser Zeit treffen sich hier die Naturliebhaber. Die Flora ist besonders artenreich und mit ein wenig Glück begegnet man auch wilden Rentieren.

Links:
Am Ende des Klevavatnet, ein tiefblauer See auf 959 Meter Höhe, führt die Bergenbahn über eine kleine Brücke in Richtung Myrdal. Hier verläuft auch der Radweg Rallarwegen.

Unten:
Mit seinen schneebedeckten Zweitausendern zählt Jotunheimen, das »Heim der Riesen«, zu den gewaltigsten Gebirgslandschaften Skandinaviens.

Oben:
Die Gletscherwelt des Jostedalsbreen lockt zur Erkundung. Hier eine Gletscherwanderung am Nigardsbreen, der am Ende des Jostedals liegt.

Oben:
Der Anblick ist ungewöhnlich – ein Sonnenwendfeuer mitten im tiefsten Schnee bei Vossadalen im Fjordland.

Links:
Am Ende des Aurlandsfjords liegt der kleine Ort Flåm – ein beliebtes Ziel für Kreuzfahrtschiffe. Hier kann man direkt in die Flåmsbahn nach Myrdal umsteigen und eine eindrucksvolle Fahrt durch die norwegische Gebirgslandschaft unternehmen.

Unten:
Nedstryn im Fjordland. Die malerische Ortschaft liegt am Nordfjord, der sich weit im Land gleich dreimal teilt.

Oben:
Der alte Bauernhof in der Provinz Oppland, die als einzige Region Norwegens nicht an das Meer grenzt, strahlt Ruhe und Beschaulichkeit aus.

Rechts:
Lillehammer ist nicht nur wegen der olympischen Stätten einen Besuch wert. Befindet sich doch hier das schönste und interessanteste Freilichtmuseum Norwegens, in dem es auch schönen alten, mit Blumen (Rosenmalerei) bemalten Hausrat zu sehen gibt.

Links:
In dem Freilichtmuseum De Sandvigske Samlinger bewahrte sein Gründer, der Zahnarzt Anders Sandvig, 150 alte Gebäude vor dem Verfall – neben diesem Speicher findet man Bauernhäuser, Almhütten, Schulen und die Stabkirche von Garmo.

Unten links und rechts:
Blumengeschmückte Kinder zum Mittsommerfest in Lillehammer. Wie überall in Skandinavien wird auch hier der längste Tag des Jahres besonders ausgelassen gefeiert.

STRANDTORGET KJOPESENTER

Links:
In Lillehammer endet der Mjøsa, Norwegens größter Binnensee, und beginnt das Gudbrandstal, eines der großen, für die Geschichte und Kultur des Landes so bedeutsamen Täler, die den Osten prägen.

Unten:
Östlich der alten Kupferstadt Røros liegt der Femundsee, Engerdal. Am Femundsee siedeln bereits seit dem 16. Jahrhundert Samen, die Rentierzucht betreiben.

Oben:
Am Rondane-Nationalpark haben sowohl die Bezirke Oppland als auch Hedmark teil. Er umfasst rund 600 Quadratkilometer des gleichnamigen Hochgebirgsgebietes.

Seite 74/75:
Am Ende des Nærøyfjords, einem Seitenarm des Sognefjords, liegt der kleine Ort Gudvangen. Bis 1865 eine Verbindung mit dem Dampfschiff nach Bergen eingerichtet wurde, war das Dorf fast von der Welt abgeschnitten. Heute ist Gudvangen oft Ziel von Kreuzfahrtschiffen und Paddler kommen auch gerne her.

www.fjord

Linke Seite:
Der Sognefjord, der »König der Fjorde«, beansprucht gleich mehrere Superlative – er ist nicht nur der längste Meeresarm, sondern auch an den höchsten Bergen und am größten festlandseuropäischen Gletscher gelegen.

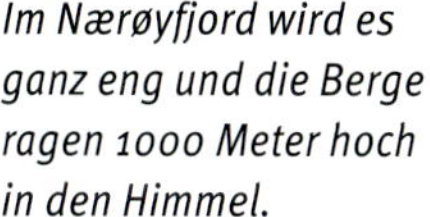

Im Nærøyfjord wird es ganz eng und die Berge ragen 1000 Meter hoch in den Himmel.

Der Strynsvatnet ist 15 Kilometer lang, nicht ganz 200 Meter tief und ausnahmsweise kein Fjord, sondern ein See.

Seite 78/79:
Eines der meistfotografierten Motive des Landes – der Geirangerfjord vom Aussichtspunkt Flydalsjuvet aus gesehen.

Die einstigen »Hauptverkehrsstrassen« des Landes – die Fjorde

Die Geschichte der norwegischen Fjorde beginnt im Tertiär, als sich die skandinavische Halbinsel sowohl hob, als auch schräg stellte. In den nachfolgenden großen Kälteperioden verschwand dann das Land unter einem ungeheuren Mantel aus Eis. Der wuchs ständig und suchte sich Platz in den von den Gebirgen gen Westen fallenden Tälern. Der Riesenhobel machte seine Arbeit gründlich: Sein felsernes Bett wurde immer tiefer, sogenannte »Trogtäler« entstanden. Doch das Eis schuf sich nicht nur eigene Straßen, sondern spielte auch sein enormes Gewicht aus. Der Druck auf die Erdoberfläche wurde so groß, dass diese nachgab und sich senkte. Im Landesinneren, wo das Eis und damit die Last viel stärker waren als an der Küste, machte das einige hundert Meter aus.

Das Meer als vielleibige Schlange

Nach der letzten großen Kälteperiode vor etwa 10 000 Jahren begann dann das Eis zu schmelzen. Der Spiegel des Atlantiks stieg so hoch, dass die Täler überflutet wurden und das Meer wie eine vielleibige Schlange aus der Fabelwelt weit ins Land hinein züngelte. Dies war die Geburtsstunde der Fjorde.

Äußerst unterschiedlich in Größe, Tiefe und Gestalt kennzeichnen sie doch gemeinsame Charakteristika. So sind die Ablagerungen von Steinen und Geröll jeweils am Beginn und am Ende des Fjords am mächtigsten, die Wassertiefen am geringsten. Dementsprechend weit geht es im Mittelteil hinunter, am weitesten, nämlich 1308 Meter, im Sognefjord. Der reicht auch, mit über 200 Kilometern, am längsten in das Land. Solcherlei Superlative sind freilich kein Zufall, sondern rühren von den Gebirgen, deren Eis sich auf dem Weg zum Meer eine besonders lange »Straße« bahnen musste.

Die beste Gelegenheit, das Ineinanderspiel von Gletscher und Fjord hautnah zu erleben, bietet der Holandsfjord gleich hinter dem Polarkreis. Reicht er doch bis zum ewigen Eis von Norwegens zweitgrößtem Gletscher, dem Svartisen. Und der wiederum hängt seine lange Zunge Engabreen fast bis ins Wasser.

Uralte Kunstwerke

Apropos Wasser: Dessen Temperaturen sind an Norwegens Westküste erheblich höher als auf vergleichbaren Breitengraden. Es ist der Golfstrom, der nicht nur das Meer, sondern auch das Land heizt und die Anwesenheit des Menschen bis in den hohen Norden hinauf erst ermöglicht. So wurden am Varangerfjord circa 11 000 Jahre alte Siedlungen ausgegraben. Noch verblüffender freilich war die Erkenntnis, dass diese frühen Bewohner auch großartige Kunstwerke hinterließen. 1973 wurden am Altafjord mehr als 2000 farbige Felszeichnungen entdeckt. Ihr Alter wird auf circa 9000 Jahre datiert und sie stehen längst unter dem Schutz der UNESCO. Im Übrigen liefert dieser Fjord auch heute noch in anderer Sicht Schlagzeilen. Gibt es doch keinen zweiten Ort, wo so weit im Norden noch Korn reift.

Die königliche Stadt Nidaros

Über die Fjorde begann also der Mensch Norwegen zu erobern. Hier entstanden die ersten Siedlungen. Und ihre Bewohner fühlten sich

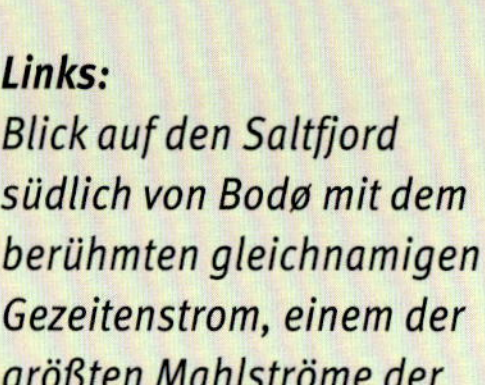

Links: Blick auf den Saltfjord südlich von Bodø mit dem berühmten gleichnamigen Gezeitenstrom, einem der größten Mahlströme der Welt. Das Naturschauspiel, bei dem die Wassermassen durch die Meerenge gepresst werden, ist bei Voll- und Neumond am eindrucksvollsten.

dem Wasser mehr vertraut als dem Land, das sich ihnen als unüberwindliche Felsbarriere in den Weg stellte. Die Fjorde dienen als Nahrungsquelle und als Fahrwasser – so lautet auch die deutsche Übersetzung des norwegischen Namens. Kein Wunder, dass des Landes politische Geschichte ebenfalls an einem Fjord begann. 997 gründete Olav Tryggyvason am Trondheimfjord seine königliche Stadt, die zunächst Nidaros geheißen wurde – das heutige Trondheim. Von hier aus zogen die Wikinger lange vor Kolumbus nach Amerika. Und hier erreichte der erste Import aus dem »neu gefundenen Land« (Neufundland) Europa. Es war eine Ladung Holz.

Bei der Bedeutung, welche die Fjorde für die Zivilisation in Norwegen besaßen und besitzen, überrascht es nicht, dass mit Oslo auch die jetzige erste Stadt des Landes an einem solchen Meeresarm gelegen ist.

Oben:
Ziemlich weit im Landesinneren zweigt der Aurlandsfjord vom Sognefjord ab.

Rechts oben:
Wegen der geschützten Lage sind Norwegens Fjorde ein idealer Bauplatz für Bohrinseln. Hier wird im Vatsfjord (Rogaland) eine der größten fertiggestellt.

Rechts:
Im Nordland sind die Fjorde häufig schon an der Küste felsig und eng, wie hier bei Sandnessjoen.

Die Stabkirche von Lom in Oppland datiert aus dem 12./13. Jahrhundert. Zum Schutz vor bösen Geistern sind an den Dachgiebeln Drachenköpfe angebracht.

Links:
In Ringebu, einem der ältesten Handelsplätze im Gudbrandstal, steht eine sehenswerte Stabkirche. Sie wurde um 1200 in der Nähe eines Thingplatzes errichtet und im 17. Jahrhundert weiter ausgebaut.

Unten:
Trotz Umbauten im 17. Jahrhundert blieb der Innenraum mit zwanzig Säulen des Gotteshauses von Lom noch in seiner ursprünglichen Gestalt erhalten. Ein besonderes Schmuckstück ist die reich verzierte barocke Kanzel.

Der Trollstigen südlich von Åndalsnes ist mit elf Haarnadelkurven eine der imposantesten Gebirgsstraßen des Landes und für jeden Besucher des Fjordlandes ein absolutes Muss. Seit 2012 hat man von der neuen Aussichtsplattform den besten Blick.

Das heutige Ålesund ist nicht älter als knapp 100 Jahre. Nach einem katastrophalen Brand im Jahre 1904 musste die Stadt neu aufgebaut werden – besonders die Häuser um den inneren Hafen repräsentieren den schönsten Jugendstil.

Oben:
Kristiansund steht gewissermaßen dreifüßig im Wasser. Die Stadt wurde auf drei Inseln erbaut. Besonders sehenswert sind hier die Kaianlagen und Gebäude um den alten Hafen (Vågen), von dem aus einst die Klippfische exportiert wurden.

Rechts:
Fjordlandschaft in der Provinz Møre og Romsdal. Hier siedelten bereits vor 10 000 Jahren die Menschen der sogenannten Fosna-Kultur. Unter den Wikingern wurden in dieser Gegend die modernsten Schiffe der damaligen Zeit gebaut.

Links:
Nordische Beschaulichkeit – der alte Fischereihafen von Otnes in Møre og Romsdal träumt von den guten alten Zeiten ...

Unten:
Molde zählt etwas mehr als 20 000 Einwohner und wird als »Stadt der Rosen« gerühmt. Auch gibt es hier jeden Sommer ein internationales Jazzfestival. Sehenswert vor allem das Panorama der Romsdalsalpen.

Unten:
Trondheim war, unter dem Namen Nidaros, die erste Hauptstadt Norwegens und ist heute die drittgrößte Kommune des Landes. Hier leben 165 000 Menschen. Den besten Blick auf die Stadt hat man von der Festung Kristiansten aus.

Rechts:
Der Nidarosdom wurde ab 1070 über dem Grab Olavs des Heiligen errichtet und ist vor allem durch gotische und anglo-normannische Stilelemente geprägt.

Links:
Im Inneren des Nidarosdoms beeindrucken vor allem das Licht, das durch die Glasfenster von Gabriel Kielland fällt, und die Ausmaße von 102 Metern Länge und 50 Metern Breite.

Unten:
Trondheim bietet noch viel Holzhaus-Romantik, ist aber trotz seiner 1000-jährigen Geschichte mit der zweitgrößten Universität, Forschungseinrichtungen, Museen und lebhafter Einkaufszone eine moderne Stadt.

Unten Mitte:
Und damit man an den »Bergen« Trondheims nicht abzusteigen braucht, zieht einen ein Fahrradlift hinauf.

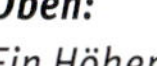

Oben:
Ein Höhepunkt der Altstadt von Trondheim ist die hölzerne Brücke (Bybrua) am Nidelven mit Blick auf die alten Speicher.

Unten:
In Røros, der alten Kupferstadt, blieb ein großer Teil der Bergstaden erhalten. Die Holzhäuser umfassen einfachste Katen für die Bergarbeiter und die prächtigen Gebäude der Direktoren. Einziger Steinbau der alten Siedlung war die Kirche.

Rechts:
Abendstimmung am Trondheimfjord, der sich hauptsächlich in nordöstlicher Richtung in das Land hinein schlängelt.

Oben:
Der Stjørdalselv in der Provinz Nord-Trøndelag ist für seine Lachse und Forellen bekannt.

Von Fischern und Fischfarmern

Einst fürchteten Norwegens Fischer nichts so sehr wie die sogenannten »schwarzen Jahre«, in denen die Fischschwärme ausblieben. Solche Krisenzeiten gab es immer wieder. Die Leute wussten jedoch, dass sie nicht von Dauer sein würden. Inzwischen hat sich das geändert. Ein großer Fang ist häufig nur noch Legende; das geflügelte Wort »einen großen Fischzug machen« deckt sich längst nicht mehr mit der Praxis.

Perfektionierung der Fangtechnik

Diese Entwicklung geht schon über mehrere Jahrzehnte. Die Gründe für die heute dramatische Situation sind also nicht neu. Eine große Rolle spielte dabei die ständige Perfektionierung der Fangtechnik. Motorschiffe haben einen wesentlich größeren Aktionsradius als vom Wind bewegte oder gar Ruderboote. Außerdem sorgte die Erfindung des Echolots dafür, dass die Chancen der Fische, ihren Jägern zu entkommen, immer geringer wurden. Hatte es 1880 im Trollfjord noch eine blutige Schlacht zwischen den Besatzungen der Dampfschiffe und den anderen Fischern in ihren kleinen Booten – also zwischen Tradition und Fortschritt – gegeben, so macht sich die heutige Hochtechnologie paradoxerweise selbst überflüssig. Kann man doch durch sie so viel fangen, dass die Fische mit dem Nachwachsen Probleme haben. So sind auch die modernsten Gerätschaften ziemlich überflüssig.

Das Beispiel Lodde

Versuchte man noch vor Jahren, damit zu beschwichtigen, dass ja »nur« einige besonders begehrte Fischarten wie Hering oder Kabeljau gefährdet seien, so wurde längst die generelle Krise des gesamten Ökosystems Nordmeer zur Gewissheit. Welch gravierende Folgen ein scheinbar kleiner Eingriff haben kann, zeigt das Beispiel der Lodde, eines kleinen Lachsfisches, der fast ausgerottet wurde. Dabei ließ man völlig außer Acht, dass sie zwar nicht so sehr für den Menschen, wohl aber für den Kabeljau einen Leckerbissen bedeutet. Dessen Appetit nach der Lodde ist nämlich so groß, dass er ihr auf dem Weg in die Barentssee folgt. Jetzt, wo der Kleine nicht mehr voraus schwimmt, bleibt auch der Große aus.

Alternative Aquakultur?

Anfang der 70er-Jahre schien eine Alternative in Sicht: die Aquakultur. Man installierte Schwimmkäfige in den Fjorden und züchtete dort vor allem Lachse und Regenbogenforellen. So wurde so mancher Fischer zum Fischfarmer. Entscheidend war, dass es gelang, den Wanderfisch Lachs an einem Ort zu halten und ihn so zu füttern, dass er auch in Gefangenschaft die charakteristische Rotfärbung des Fleisches behielt. Doch wie bei jeder Massentierhaltung sind auch hier die Risiken nicht gering, dass Seuchen oder Parasiten die Bestände radikal dezimieren. Zum größten Problem gerieten jedoch die Algen, die von der zunehmenden Erwärmung beziehungsweise auch Verschmutzung des Wassers profitieren und in dem Maße zunehmen, wie die Fische zurückgehen. In solchen Fällen können die Farmer nur noch versuchen, ihre Käfige an weniger gefährdete Stellen zu schleppen.

Ähnlich wie beim Fischfang gibt es auch bei der Verarbeitung große strukturelle Veränderungen. So endete die große Zeit der in Stavanger beheimateten norwegischen Konservenindustrie, wo bis zuletzt Kinder und Frauen auf beschämende Weise ausgebeutet wurden, bereits vor dem Zweiten Weltkrieg. Frauen waren es auch, welche die Arbeiten bei der Herstellung des Trockenfisches übernahmen, die lange Zeit des Landes wichtigster Exportartikel waren. Die besondere norwegische Variante war die Klippfischproduktion. Im Sommer wurde der Fang auf den Küstenfelsen zum Trocknen ausgelegt und mehrmals gewendet, damit er nicht faulte oder verbrannte. Wenn das Wetter mitspielte, war er in einem Monat versandfertig und trat von Kristiansund, dem Zentrum der Produktion, seine Reise in aller Herren Länder an.

Trockenfisch wird zwar auch heute noch hergestellt, aber größtenteils in beheizten Hallen. So gehört schon viel Glück dazu, eines jener Gestelle zu entdecken, auf denen wirklich noch Fische sind.

Links:
In Lærdalsøyri ist dem Lachs ein ganzes Museum gewidmet. Liegt doch die kleine Gemeinde an der Mündung des Lærdalselva, dem König unter Norwegens Lachsflüssen.

Oben:
Lofotenfischer beim Kabeljaufang. Doch die Fischschwärme des Kabeljau, der zu den Dorschen gehört, werden immer weniger.

Rechts oben:
Hunderte von Fischerbooten fahren zwischen Mitte Januar und Mitte April aus, wenn die Kabeljauschwärme zum Laichen vor die Inseln kommen.

Rechts Mitte:
Fischverarbeitung ist eine blutige Angelegenheit – hier in Henningsvær auf den Lofoten.

Rechts:
Nur noch relativ selten lässt man die Dorsche draußen auf Gestellen trocknen.

Der Norden – das Tor zur Arktis

Der Varangerfjord in der Finnmark unterscheidet sich insofern von den anderen Meeresarmen, als er von Osten aus in das Land hineinschneidet. An seinem nördlichen Ufer liegt die Siedlung Vestre Jakobselv.

Norwegens geografische Mitte hat seit einigen Jahren mit dem Tosen-Tunnel, der das Handelsstädtchen Brønnøysund an die E6 anbindet, einen ganz konkreten Bezugspunkt. Darüber hinaus folgt auch die administrative Gliederung so ziemlich der geografischen Vorgabe. Beginnt doch schon ein paar Kilometer südlich dieses Tunnels die Provinz Nordland. Auf dem zweitgrößten Territorium Norwegens lebt nicht ganz eine Viertelmillion Menschen, davon rund ein Drittel auf den zahlreichen Inseln – vor allem auf den Lofoten und Vesterålen. Richtige Städte gibt es im Nordland nur zwei: Während Narvik seine Position als größter Erzverladehafen der Welt dem Erz aus dem schwedischen Kiruna verdankt, ist Bodøs wichtigster Arbeitgeber das Militär, sprich das Oberkommando für Nordnorwegens Luft- und Seestreitkräfte sowie das NATO-Hauptquartier für Nordeuropa.

An das Nordland schließt sich die Provinz Troms an. Deren Hauptort Tromsø gilt als Tor zur Arktis. Hier starteten die großen Polarforscher Amundsen, Nansen und Andrèe ihre Expeditionen. Heute leben in der Kommune 65 000 Menschen. Nicht wenige verließen ihre Siedlungen, um in Tromsø Arbeit, aber auch Zerstreuung zu finden. Bei mehr als 50 Restaurants, Bars und Nachtklubs sowie einer eigenen Brauerei wird verständlich, warum die Norweger diese Stadt »Paris des Nordens« nennen.

Nach dem großen Vergnügen kommt die große Einsamkeit. Ihr Name: Finnmark. Es ist die ausgedehnteste Provinz des Landes und zugleich die am dünnsten besiedelte. Obwohl man inzwischen vor der Küste Öl und Gas gefunden hat, fühlen sich die wenigen, die es hier aushalten, von Oslo ziemlich im Stich gelassen – fast ein wenig als die Sibirier Norwegens, denn auch die Finmark war einst Straf- und Verbannungsort.

Unten:
Auf der Brücke des Postschiffes Narvik wird hart gearbeitet, wenn in den engen Fjorden gewendet werden muss.

Unten:
Die Fahrt mit einem der legendären norwegischen Postschiffe von Bergen bis Kirkenes und zurück gehört in der Tat zu den »schönsten Seereisen der Welt« – wie es die Werbung verspricht.

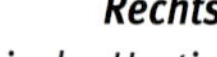

Rechts:
Den Reiz der Hurtigruten, die seit 1893 die Küstenorte miteinander verbindet, macht die ständig wechselnde, faszinierende Landschaft aus.

Oben:
Ein besonderer Höhepunkt jeder Reise sind die Einfahrt und das Wendemanöver im engen Trollfjord, wo die Steuermänner sich als wahre Meister ihres Faches beweisen.

Oben:
Da die Schiffe die Küste fast nie aus dem Blick verlieren und über 30 mal die Anker auswerfen, gibt es auch immer wieder Gelegenheit zu Landgängen.

Seite 98/99:
Himmel, Meer und Küste – ein mitternächtliches Nordland-Bild bei Grimstad, mit dem sich die Namen der berühmtesten norwegischen Schriftsteller Knut Hamsun und Henrik Ibsen, die dort lebten, verbinden.

Unten:
Narvik ging als Schauplatz erbitterter Kämpfe zwischen Deutschen und Alliierten in die Annalen des Zweiten Weltkrieges ein. Fast völlig zerstört, erhielt Narvik sein heutiges Stadtbild vor der herrlichen Kulisse der Berge und des Ofotfjordes erst nach dem Krieg.

Rechts oben:
Im März herrscht im Nordland noch strenger Winter – wie hier auf der E6.

Rechts Mitte:
Schneeperspektiven: Im Vordergrund jenes Monument, das dem Autofahrer, der auf der E6 gen Norden fährt, die Überquerung des Polarkreises anzeigt.

Rechts unten:
Keine steinzeitlichen Jäger, sondern jugendliche Graffiti-Sprüher haben sich auf diesem Felsen in Narvik verewigt.

Seite 102/103: *Winterliche Abendstimmung bei Mosjøen am Vefsnfjord. Das Nordland zeigt sich im Schneekleid.*

Rechts und unten: *Norwegens Winter sind hart und lang. Während die Menschen vor allem unter der anhaltenden Dunkelheit leiden, ist für viele Tiere – so auch für den Elch – die Futtersuche das größte Problem.*

Oben:
Schnee, Schnee und nochmals Schnee – hier auf der E6 am Polarkreis. Unter diesen Bedingungen fährt man am besten mit Spikesreifen.

Links:
Früher im Winter von der Umwelt abgeschnitten sind die für Norwegen typischen Einzelgehöfte heutzutage zu allen Jahreszeiten mit dem Auto erreichbar.

Unten:
Norwegens Naturlandschaften zeichnen sich nicht nur durch ihre Dramatik, sondern auch durch ihre Vielfalt aus. Was die Staffage betrifft, so ist das Wasser, wie hier im Fährhafen von Skutvik, fast immer dabei.

Rechts oben:
Jenseits des Polarkreises verändert die Flora ihr Gesicht. Stolze Bäume müssen kriechen, um zu überleben.

Rechts Mitte:
Eine majestätische Wasserlandschaft bietet der Brønnøysund im Nordland.

Rechts unten:
Trotz der extremen klimatischen Bedingungen lebten im Nordland bereits seit der Steinzeit Menschen, wie ihre Felszeichnungen beweisen.

Das Fischerdorf Eggum auf den Lofoten im Licht der Mitternachtssonne, das alles verändert: Farben, Temperaturen und Menschen. Letztere dosieren sogar ihr Temperament nach den Jahreszeiten.

Reine ist der Hauptort der Lofoten-Insel Moskenesøy. Die kleine Fischersiedlung am Kirkefjord befindet sich ganz in der Nähe eines noch kleineren Ortes, der den Superlativ beansprucht, den kürzesten Namen der Welt zu haben: Å.

Links:
Auch wenn die große Zeit der Lofotenfischerei längst vorbei ist, prägt sie auch heute Landschaft und Bevölkerung. Henningsvær, auf verschiedenen kleinen Inseln gelegen, zählt zu jenen Orten, wo noch traditioneller Fischfang betrieben wird.

Seite 112/113:
Winter in Henningsvær – der Hafen des kleinen Lofoten-Ortes friert dank des Golfstroms nie zu. Das Dorf hat seinen ursprünglichen Charakter über die Zeit erhalten und ist heute ein beliebtes Besuchsziel.

Ganz oben:
Die Jagd der Fischerboote vor Henningsvær gilt dem arktischen Dorsch (jungem Kabeljau), der zwischen Januar und April zum Laichen vor die Lofoten kommt.

Oben:
Man trocknet den Kabeljau nach hergebrachter Methode auf Holzgestellen. Getrocknet, als Stockfisch war er lange ein wichtiger Exportartikel.

MEHOLM
ST 40 RS

N84B
JAN-REIDAR

Norwegen im Kleinen – die Lofoten

Luchspfote« haben die Norweger jenen Archipel aus vier größeren und zahlreichen kleineren Inseln im Nordmeer getauft, dessen reiche Gründe schon im frühen Mittelalter sprichwörtlich waren. Den riesigen Kabeljauschwärmen folgten die Menschen. Blühende Siedlungen entstanden, und unter König Håkon IV. entwickelte sich der heutige 1600-Seelen-Ort Kabelvåg zum Handelszentrum der Nordländer. Alljährlich zwischen Januar und April zog der Kabeljau in Massen zum Laichen hierher, wo bereits, ebenfalls in Massen, Fischer aus dem ganzen Land auf ihn warteten. Circa 20 000 waren es noch in der Zeit nach dem Zweiten Weltkrieg. So wurde immer wieder die Legende genährt, dass der Fisch bis in die Ewigkeit reichte.

Schlafen im Vierschichtrhythmus

Umso größer war dann die Ernüchterung, als sich herausstellte, dass auch diese manchmal ein Ende hat. Wurden ehedem an die 50 Millionen Kilogramm aus dem Meer geholt, so ist es heute nicht einmal mehr als die Hälfte. So waren nicht wenige Bewohner der Lofoten gezwungen, anderer Arbeit hinterher zu ziehen. Ihre Behausungen, in denen zu den Hoch-Zeiten die Betten schon deshalb nie kalt wurden, weil im Drei- und Vierschichtrhythmus darin geschlafen wurde, begannen zu verfallen – bis die Touristen kamen. Zunächst nur Einheimische, dann zunehmend Ausländer. Und aus den alten Fischerhütten, den Rorbuer, wurden besonders romantische Ferienhäuser. Die geschlossenste alte Holzbebauung findet sich in Nusfjord auf Flakstadøy, der kleinsten der vier Hauptinseln. Die langen Sandstrände dort sind auch während der kurzen Sommerzeit nicht überlaufen, denn hier gibt es – noch – kein einziges Hotel.

Mahlstrom und Trolle

Das benachbarte Moskenesøy liegt am weitesten im Süden, was aber nichts zu bedeuten hat. Denn hier oben toben im Winter die schlimmsten Stürme. Welch Glück deshalb für die anderen Inseln, dass Moskenesøy mit seinen Bergen das Schlimmste abhält. Doch Gefahr droht hier von anderer Seite. Lauert doch zwischen der Südspitze der Insel und dem kleinen Eiland Mosken ein mächtiger Gezeitenstrom, der – als »Mahlstrom« – nicht nur Menschen frisst, wie das Edgar Allan Poe und Jules Verne so eindrucksvoll beschrieben haben, sondern alles, was einmal in seinen Strudel geraten ist. Natürlich gibt es für dieses grandiose Naturphänomen – das Wasser brodelt und kocht, als wäre darunter ein gewaltiges Feuer – auch eine Erklärung: Durch ein Nadelöhr von nur vier Kilometern Breite strömt das Meer mit einer Geschwindigkeit von zwölf Stundenkilometern in den Vestefjord, wobei es einen Höhenunterschied von vier Metern zu überwinden hat.

Wer indes die Gefahr liebt, ohne sich wirklich gefährden zu wollen, der sollte von der nördlichsten Insel Austvågøy, wo sich mit dem Städtchen Svolvær das Verwaltungszentrum der Lofoten befindet, zum Trollfjord aufbrechen. Der hat nicht nur die weitaus engste Taille von all seinen norwegischen Geschwistern (200 Meter), sondern auch ein nahezu senkrechtes Felsenkorsett. Doch für einen Wikinger-Nachkommen, wie sich die Kapitäne der Touristenschiffe gern selber sehen, ist das Wendemanöver auf engstem Raum anscheinend kein Problem. Und die Gefahr? – Die schläft! Das heißt, jene Trolle, die dem Fjord den Namen gegeben haben und noch viel fürchterlicher sein sollen als Mahlstrom und Winterstürme zusammen.

Vestvågøy ist nicht nur die größte der Inseln, sondern auch die flachste. Die meisten Besucher setzen hier, in Stamsund zum ersten Mal ihren Fuß auf die Lofoten. Und nachdem sie von der See her die aus dem Meer wachsende Lofotwand als beeindruckendes Ganzes erlebt haben, beginnt nun die Entdeckung im Detail – mit der Erkenntnis, viele landschaftliche Superlative, die Norwegen so auszeichnen, hier auf engstem Terrain zusammen zu finden.

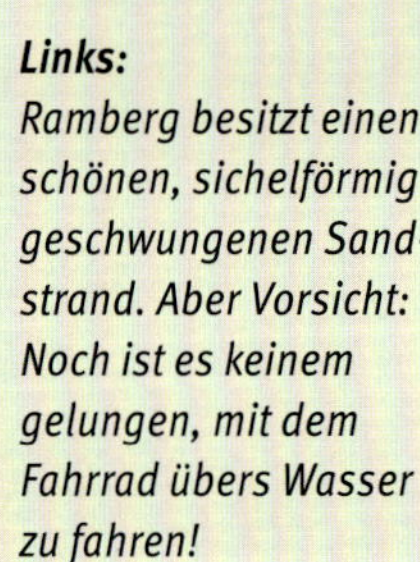

Links: *Ramberg besitzt einen schönen, sichelförmig geschwungenen Sandstrand. Aber Vorsicht: Noch ist es keinem gelungen, mit dem Fahrrad übers Wasser zu fahren!*

Oben: *Das Licht des Nordens liegt über Wasser und Bergen – Morgenstimmung am Selfjord.*

Rechts oben:
Das Hurtigrutenmuseum in Stokmarknes erinnert an die Anfänge der legendären Postschiffverbindung.

Rechts Mitte und unten:
Auf Vestvågøy bei Borg legten die Archäologen die Reste des größten Wikingerhauses frei, das je entdeckt wurde, und das man im Wikingermuseum Lofotr bestaunen kann. Hier führen nach Wikingerart gekleidete Personen in die damaligen Lebensumstände ein.

Unten:
Umarmt von Wasser und Bergen ist die unter Denkmalschutz gestellte Fischersiedlung Nusfjord sicherlich der malerischste Ort auf den ganzen Lofoten.

Rechts:
Bei Vonheim auf Vestvågøy verbinden sich Land und Meer. Lange Zeit war das Meer nicht nur Nahrungsgrundlage, sondern auch einzige Verbindung zwischen den Fischerorten. Die Wege über Land entstanden erst viel später.

Oben:
Sonne und Wolken treiben auf den Lofoten ihre faszinierenden Licht- und Schattenspiele mit der Landschaft, die ständig ihr Antlitz wechselt.

Seite 118/119:
Das Licht der Mitternachtssonne taucht die Landschaft in eine einzigartige Stimmung. Besonders schön ist der Strand von Utakleiv auf der Lofoten-Insel Vestvågøy beleuchtet.

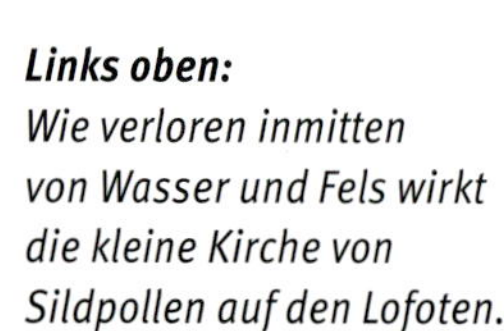

Links oben:
Wie verloren inmitten von Wasser und Fels wirkt die kleine Kirche von Sildpollen auf den Lofoten.

Links Mitte:
Wale spüren die Männer von Andenes seit jeher auf. Heutzutage allerdings nicht mehr, um sie zu töten, sondern um sie den staunenden Besuchern zu zeigen.

Links unten:
Erfrischungsbad im Altafjord in der Finnmark, der bereits von den Steinzeitmenschen ob seines relativ milden Klimas geschätzt wurde.

Unten:
In der Strandeinsamkeit bei Eggum wird deutlich, warum die Inselkette der Lofoten zu den faszinierendsten Partien der norwegischen Küste zählt.

Seite 122/123:
Hammerfest wirbt mit dem Slogan „nördlichste Stadt Europas“ – auch wenn ein wenig geschummelt, kommt man sich zuweilen vor, wie am Ende der Welt. Da dank des Golfstroms auch im Winter das Meer nicht zufriert, legen auch zu dieser Zeit die Schiffe der Hurtigruten an.

__Oben und rechts:__
Anfang des 16. Jahrhunderts wurde Kautokeino als Samensiedlung gegründet und bis heute werden alte Traditionen gepflegt. So tragen die Samen zum Ostergottesdienst ihre typische farbenfrohe Tracht.

__Seite 124/125:__
Winter über der Finnmark – besonders schön ist der Blick über die Landschaft und Dörfer zur Blauen Stunde, wenn sich die Dämmerung über das Land legt. Hier der Blick von der Skisprungschanze von Kautokeino.

Oben:
Ein sonniger Wintertag in der Landschaft zwischen Kautokeino und Alta.

Links:
Jedes Jahr findet das traditionelle Ostertreffen der Samen in Kautokeino statt. Im Mittelpunkt stehen dann hier auch die Rentiere, mit denen Schlittenrennen ausgetragen werden.

Seite 128/129:
Bei Stabbursdalen in der Finnmark, der – mit 48 637 Quadratkilometern – größten und nördlichsten, aber am dünnsten besiedelten Landschaft Norwegens.

Rechts:
Der Fluss der Altaschlucht gilt als eines der besten Lachsreviere auf der ganzen Welt.

Unten:
Auch der Tenofluss östlich der Altaschlucht ist ein gutes Angelrevier. Das Ufer im Hintergrund ist bereits finnisch.

Oben:
Brücken wie diese bei Skaidi sind besonders in der Wildmark nicht selten und oft die einzige Möglichkeit, einen Fluss trockenen Fußes zu überqueren.

Links:
Während der Mensch in seinem Boot vor den Stromschnellen passen muss, nehmen sie die Lachse gewissermaßen im Sprung.

Linke Seite:
Zu den schönsten Erlebnissen einer winterlichen Nordlandreise gehört das Nordlicht. Wenn die tanzenden Schleier des „Aurea borealis" in wechselnden Farbtönen am Winterhimmel erscheinen, verstummen Gespräche, halten die Menschen ein. Zwar ist die Chance, das Nordlicht zu sehen, nördlich des Polarkreises wie hier in Ramberg auf den Lofoten am größten, aber selbst in den südlichen Gebirgsregionen Nordeuropas begeistert das Naturphänomen ab und zu die staunenden Betrachter.

Links:
Der magische Zielpunkt viel gefahrener Kilometer: Das Nordkap unter dem Licht der Mitternachtssonne ist die bekannteste Steilklippe Europas.

Register

Barentssee
Nordkap
Gamvik
Båtsfjord
Hamningberg
Vardø
Honnings-
våg
Magerøya
Varanger-
halvøya
Havøysund
Vadsø
Varangerfjord
Olderfjord
Porsangerfjord
Laksefj.
Tana
Tana Bru
Kirkenes
Hammerfest
Sørøya
Sørøysund
Stabburs-
dalen N.P.
Lakselv
Skoltefossen
Kvænangen
Alta
Øvre
Pasvik N.P.
Inari-
järvi
Skjervøy
Sautso-Canyon
Karasjok
Kaamanen
Røykfossen
Finnmarks-
vidda
RUSS-
LAND
Tromsø
Skibotn
Reisa N.P.
Øvre Anar-
jokka N.P.
Kautokeino
Senja
Finnsnes
Kilpis-
järvi
Andenes
Andselv
Ånderdalen N.P.
Karesuando
Øvre Dividal N.P.
Harstad
Vesterålen
Langøya
Sortland
FINNLAND
Narvik
Kiruna
Svolvær
Skutvik
Rago N.P.
Vestvågøy
Vestfjord
Lofoten
Sørvågen
Gällivare
Rovaniemi
Fauske
Bodø
Jokkmokk
Storjord
Kemi
Saltfjellet-
Svartisen N.P.
Grønligrotta
Mo i Rana
Luleå
Oulu
Dønna
Sandnessjøen
Mosjøen
Vega
Trofors
Storuman
NORWEGEN
Europäisches Nordmeer
Børgefjell N.P.
SCHWEDEN
Vikna
Rørvik
Namdalen
Meerbusen
Nordli
Åsele
Umeå
Namsos
Grong
Gressåmoen N.P.
Strömsund
Steinkjer
Trøndelag
Ørland
Trondheimsfj.
Hitra
Stjørdal
Östersund
Smøla
Trondheim
Kristiansund
Støren
Sundsvall
Tampere
Molde
Oppdal
Røros
Åndalsnes
Femunds-
marka N.P.
Ålesund
Dovrefjell-
Sundas-
fjella N.P.
Tynset
Sveg
Bottnischer
Ørsta
Geiranger-
fjord
Dombås
Drevsjø
Rondane N.P.
Söderhamn
Turku
Måløy
Nordfjord
Otta
Jotun-
heimen N.P.
Vinstra
Glåma
Østerdalen
Nyberg-
sund
Florø
Jostedals-
breen N.P.
Ormtjern-
kampen N.P.
Mora
Åland
Førde
Lustrafjord
Gudbrandsdalen
Lågen
Gävle
Sogndal
Høyanger
Lillehammer
Lærdalsøyri
Sognefjord
Gjøvik
Hamar
Geilo
Gol
Voss
Ludvika
Uppsala
Hardangerfjord
Vøringfossen
Numedal
Kongsvinger
Västerås
Bergen
Hardanger-
vidda N.P.
Lillestrøm
Stockholm
Odda
Oslo
Drammen
Låtefossen
Leirvik
Kongsberg
Karlstad
Örebro
Etne
Moss
Seljord
Glåma
Haugesund
Telemark
Larvik
Fredrikstad
Karmøy
Skien
Oslofjord
Norrköping
Boknafj.
Valle
Preikestolen
Stavanger
Setesdal
Sandnes
Evje
Arendal
Gotland
Egersund
Grimstad
Flekkefjord
Kristiansand
Jönköping
Lyngdal
Mandal
Skagerrak
Kap Lindesnes
Göteborg

Noch Anfang Juli ist die Hardangervidda nicht schneefrei – die kleine Hängebrücke für Wanderer führt über einen reißenden Bergbach.

Impressum

Buchgestaltung
hoyerdesign grafik gmbh, Freiburg
www.hoyerdesign.de

Karte
Fischer Kartografie, Aichach

Bildnachweis
Alle Bilder von Max Galli mit Ausnahme von:
S. 8: iStockphoto/Ojimorena; S. 41 rechts (3 Abb.): Archiv des Verlages.

Printed in Germany
Repro: Artilitho, Lavis-Trento, Italien
www.artilitho.com
Druck und Verarbeitung: StieberDruck GmbH,
Lauda-Königshofen, Germany – www.stieberdruck.de

ISBN 978-3-8003-4285-3

Unser gesamtes Programm finden Sie unter:
www.verlagshaus.com